Le double diagnostic
Guide d'information

Yona Lunsky, Ph. D., psychologue agréée
Jonathan Weiss, Ph. D., psychologue agréé

camh Centre de toxicomanie
et de santé mentale

Centre collaborateur de l'Organisation panaméricaine de la Santé
Centre collaborateur de l'Organisation mondiale de la Santé

Catalogage avant publication de Bibliothèque et Archives Canada

Lunsky, Yona
[Dual diagnosis. Français]
    Le double diagnostic : guide d'information / Yona Lunsky, Ph. D.,
psychologue agréée, Jonathan Weiss, Ph. D., psychologue agréé.

Traduction de : Dual diagnosis.
Comprend des références bibliographiques.
Publié en formats imprimé(s) et électronique(s).
ISBN 978-1-77114-033-1.--ISBN 978-1-77114-034-8 (pdf).--
ISBN 978-1-77114-035-5 (html).--ISBN 978-1-77114-036-2 (epub)

    I. Weiss, Jonathan, 1977-, auteur II. Centre de toxicomanie et de
santé mentale organisme de publication III. Titre. IV. Titre : Dual
diagnosis. Français

RC564.68.L8614 2014   616.86   C2014-903761-9
                                             C2014-903762-7

Imprimé au Canada
© 2014 Centre de toxicomanie et de santé mentale

Il se peut que cette publication soit offerte sur des supports de substitution. Pour tout renseignement sur les supports de substitution, sur d'autres publications de CAMH ou pour passer une commande, veuillez vous adresser au service Ventes et distribution :

Sans frais : 1 800 661-1111
À Toronto : 416 595-6059
Courriel : publications@camh.ca
Cyberboutique : http://store.camh.ca

Site Web : www.camh.ca/fr

Available in English under the title *Dual diagnosis: An information guide*

Ce guide a été édité par la Section d'appui à l'innovation et d'accès au savoir, Centre de toxicomanie et de santé mentale (CAMH).
Traduction : Régine Bohar

3973n / 08-2014 / PM107

Remarque : *Dans ce document, l'emploi du masculin pour désigner des personnes n'a d'autre fin que celle d'alléger le texte.*

Table des matières

Remerciements

Nous remercions de tout cœur les nombreuses familles auprès desquelles nous avons œuvré et qui nous ont tant appris. Sans leur empressement à relater les récits de leurs épreuves, de leurs exploits et de leur résilience, ce guide n'aurait jamais pu voir le jour. La volonté constante, manifestée par les parents, d'aider d'autres familles et d'optimiser les services de soutien offerts à leurs filles et à leurs fils, à leurs sœurs et à leurs frères aux prises avec des troubles du développement, ne cesse de nous étonner et de nous toucher.

Nous tenons aussi à remercier nos collègues Wayne Skinner et Caroline O'Grady, qui ont produit le *Guide à l'intention des familles sur les troubles concomitants* dans le cadre du Programme de traitement des troubles concomitants de CAMH. Leurs commentaires et leurs conseils nous ont été d'une aide précieuse lorsque nous avons élaboré *A Family Guide to Dual Diagnosis* ainsi que le présent guide.

Nous n'aurions pas été en mesure d'accomplir notre tâche sans les commentaires pénétrants des membres du Programme de traitement du double diagnostic de CAMH, ardents défenseurs des familles, voués corps et âme aux soins axés sur la famille. Nous souhaitons aussi remercier, pour leurs commentaires, les membres du comité des questions touchant à la famille de NADD Ontario – la section ontarienne de la *National Association for the Dually Diagnosed*. Nous remercions également Ami Tint pour l'aide qu'elle nous a apportée au cours des deux dernières années dans l'élaboration du présent guide. Un grand merci en outre à Caroline Hebblethwaite, qui a dirigé la rédaction du présent guide depuis le début. Championne des personnes porteuses d'un double diagnostic et de leurs familles, elle se distingue aussi par sa patience et son souci du détail. En dernier lieu, nous tenons à témoigner notre gratitude à nos réviseures du texte original en anglais, Hema Zbogar et Jacquelyn Waller-Vintar.

Introduction

Le présent guide a été conçu à l'intention des familles dont un membre est atteint de déficience intellectuelle. Il fournit des renseignements de base sur le double diagnostic et expose ce que nous savons sur les divers services et formes de soutien existants ainsi que sur la meilleure façon d'y accéder. Il contient aussi une partie destinée aux aidants naturels, qui leur suggère des façons de prendre soin d'eux-mêmes.

1 Qu'est-ce que le double diagnostic ?

L'expression *double diagnostic* désigne la coexistence, chez une même personne, d'une déficience intellectuelle et d'un problème de santé mentale.

Il est très difficile de distinguer les troubles du développement des problèmes de santé mentale. Les familles des personnes touchées et les professionnels qui traitent ces personnes ont souvent du mal à déterminer si un certain comportement est dû à une déficience sous-jacente, à un problème de santé mentale ou aux deux.

REMARQUES TERMINOLOGIQUES

Double diagnostic : En Ontario et dans la majeure partie du Canada, l'expression *double diagnostic* désigne la présence simultanée d'une déficience intellectuelle et d'un trouble de santé mentale. Dans d'autres pays, cette expression pourrait désigner un autre type de problème : un trouble psychiatrique associé à l'alcoolisme ou bien à la toxicomanie. Il importe donc qu'en voyant l'expression *double diagnostic,* le lecteur sache à quels diagnostics les auteurs font référence.

Déficience intellectuelle : L'expression que nous avons adoptée dans le présent guide est celle qui figure dans les lois de l'Ontario, mais vous connaissez peut-être d'autres expressions : *handicap intellectuel, handicap de développement* ou *retard mental,* par exemple. Au Royaume-Uni, on parle parfois de trouble d'apprentissage pour désigner ce diagnostic. Les expressions mentionnées recouvrent des notions légèrement dissemblables et une même expression peut avoir des acceptions un peu différentes selon les locuteurs, mais elles renvoient toutes à des types de handicaps très voisins.

Problème de santé mentale : Toute personne présentant des symptômes psychiatriques graves ou des problèmes de santé mentale est susceptible de recevoir un diagnostic de « trouble » psychiatrique. En réalité, il existe toute une gamme de symptômes, dont les plus légers ne peuvent pas être qualifiés de « troubles » au sens strict. C'est pourquoi, dans ce guide, nous parlons généralement de *problème,* en réservant le terme de *trouble* à des diagnostics précis.

La déficience intellectuelle

En Ontario, la *déficience intellectuelle* a une définition juridique, qui figure dans la *Loi sur les services et soutiens favorisant l'inclusion sociale des personnes ayant une déficience intellectuelle* : limitations substantielles du fonctionnement cognitif (capacité intellectuelle à raisonner, à organiser, à planifier, à former des jugements et à déterminer des conséquences) et du fonctionnement adaptatif (capacité d'une personne à devenir autonome, déterminée par son aptitude à acquérir des habiletés conceptuelles, sociales et pratiques et à les appliquer dans sa vie de tous les jours). Ces limitations, qui doivent s'être manifestées avant que la personne n'atteigne l'âge de 18 ans et qui seront vraisemblablement permanentes, touchent des activités importantes de la vie quotidienne, comme les soins personnels, le langage ou la faculté d'apprentissage.

La déficience intellectuelle est une expression générique qui englobe différents types de déficiences, dont certaines sont d'origine génétique – tels le syndrome de Down et le syndrome de l'X fragile – et d'autres résultent d'accidents ou de maladies (rubéole congénitale, syndrome d'alcoolisation fœtale, méningite...) survenus durant la gestation ou au cours de l'enfance. Parfois, la cause est inconnue, comme dans le cas des troubles du spectre autistique. On estime qu'au Canada, la déficience intellectuelle touche de une à trois personnes sur cent.

La déficience intellectuelle est pratiquement toujours mise en évidence avant la fin de l'école élémentaire, et elle est souvent repérée bien plus tôt. La plupart des enfants atteints de déficience intellectuelle ont plus de difficulté à résoudre des problèmes que leurs camarades du même âge qui n'en sont pas atteints, et elles ont besoin de soutien pour mener une vie autonome. Le degré de soutien nécessaire dépend de nombreux facteurs, entre autres l'aptitude intellectuelle de la personne, ses inclinations, son âge et les contraintes sociales. Les personnes atteintes de déficience intellectuelle ont chacune leurs points forts et leurs points faibles particuliers, et les types de soutien doivent être adaptés aux besoins individuels. Les interventions de soutien doivent viser à permettre la plus grande autonomie possible. La déficience intellectuelle n'est pas une maladie nécessitant un traitement, mais un ensemble de difficultés nécessitant des soutiens spéciaux.

Quelle est la prévalence du double diagnostic ?

La déficience intellectuelle accroît le risque d'apparition de problèmes de santé mentale au cours de la vie. Des études à grande échelle indiquent que le risque d'apparition de problèmes de santé mentale est de trois à six fois plus élevé chez les personnes présentant une déficience intellectuelle, les estimations variant selon les types de problèmes inclus dans le « second » diagnostic. Néanmoins, une chose est certaine : de nombreuses personnes atteintes de déficience intellectuelle ont de graves problèmes de santé mentale. Voici quelques faits :

- Des chercheurs ont avancé que l'incidence des troubles psychotiques serait trois fois plus élevée chez les adultes atteints de déficience intellectuelle que dans la population générale (Cooper et coll., 2007 ; Turner, 1989). Toutefois, il se pourrait que certaines études surestiment le taux des troubles psychotiques en raison de la difficulté qu'il y a à poser un diagnostic, surtout pour les cliniciens qui manquent de formation en matière de déficience intellectuelle (Lunsky et coll., 2006 ; Robertson et coll., 2000).
- Une étude de grande envergure réalisée au Royaume-Uni a révélé que les troubles de l'humeur (trouble dépressif majeur, trouble bipolaire, dysthymie, etc.) étaient trois fois plus répandus chez les personnes atteintes de déficience intellectuelle que dans la population générale (Richards et coll., 2001). Des études comparatives ont également fait état d'une prévalence plus élevée de troubles de l'humeur chez les personnes atteintes de déficience intellectuelle que dans la population générale.
- Les troubles anxieux (état de stress post-traumatique, névrose d'abandon, phobie sociale et autres phobies, trouble panique et trouble d'anxiété généralisée, etc.) se rencontrent également plus fréquemment chez les personnes atteintes de déficience intellectu-

elle, surtout chez celles qui présentent des syndromes génétiques (Harris, 2006).

• Chez les adultes atteints de déficience intellectuelle, la prévalence globale des comportements difficiles, parfois appelés « comportements perturbateurs » ou « comportements problématiques » a été estimée à 22,5 % (Cooper et coll., 2007). Par « comportements difficiles » il faut entendre les comportements qui limitent l'accès de la personne aux établissements collectifs et les comportements qui, en raison de leur gravité, de leur fréquence ou de leur durée, posent un risque pour la sécurité de la personne elle-même ou d'autrui (Emerson et Emerson, 1987). Ces comportements peuvent être dus à un trouble psychiatrique sous-jacent, mais ils pourraient aussi avoir d'autres causes.

2 Comment s'établit le double diagnostic ?

Relation entre la déficience intellectuelle et les problèmes de santé mentale

La relation entre la déficience intellectuelle et les problèmes de santé mentale est complexe. Chez les personnes atteintes de déficience intellectuelle, les problèmes de santé mentale se présentent de façon très différente et leur forme peut évoluer au cours du temps.

- Les personnes atteintes de déficience intellectuelle sont plus susceptibles de développer un problème de santé mentale que celles qui ne le sont pas, ce qui s'explique par divers facteurs de nature physiologique, psychique et sociale.
- Chez les personnes atteintes de déficience intellectuelle, la présentation clinique des problèmes de santé mentale est fonction du type de déficience. En outre, il n'est pas facile de comprendre ce que ressentent les personnes atteintes de déficience intellectuelle, car elles peuvent avoir de la difficulté à exprimer leurs pensées et leurs émotions. Or, l'établissement d'un diagnostic classique présuppose que la personne est à même de parler de son vécu.

• Il est également difficile d'établir un diagnostic lorsque le comportement qui pose problème est un comportement que la personne affiche depuis longtemps, mais dont l'intensité s'est accrue. Par exemple, si un homme a l'habitude de s'arracher les cheveux, surtout quand on le laisse seul, mais qu'il se met à le faire plus fréquemment et plus violemment, et pas seulement quand il est seul, ce changement signifie-t-il qu'il a un nouveau problème de santé mentale ou s'agit-il toujours du même problème ?

• Pour pouvoir poser un diagnostic de problème de santé mentale chez une personne qui présente une déficience intellectuelle, il faut recueillir des renseignements auprès de plusieurs sources et savoir comment la personne se comporte dans différents contextes.

LES TROUBLES GÉNÉTIQUES

Certains troubles génétiques à l'origine de déficience mentale peuvent prédisposer les sujets à des problèmes de santé mentale particuliers. C'est ainsi que les personnes atteintes de syndrome de l'X fragile présentent un risque accru de développer une phobie sociale et que les personnes atteintes de microdélétion 22q11 présentent un risque accru de schizophrénie. C'est pourquoi il est essentiel de connaître la cause de la déficience intellectuelle chez une personne qui en est atteinte. Il y a vingt ans, nous ne disposions pas de la technologie pour détecter un grand nombre de syndromes, et il se pourrait qu'il y ait des personnes porteuses de double diagnostic qui soient atteintes d'une maladie génétique non encore diagnostiquée.

Il a été montré qu'au moins neuf pathologies génétiques étaient étroitement imbriquées à des problèmes de santé mentale et à des comportements difficiles (Dykens et coll., 2000), comme le montre le tableau de la page suivante.

Syndromes génétiques et double diagnostic

SYNDROME	AGRESSIVITÉ	AUTO-MUTILATION	TROUBLE ANXIEUX, PHOBIES	MALADIE D'ALZHEIMER	DÉPRESSION, MANIE, TROUBLE BIPOLAIRE	SCHIZOPHRÉNIE
Cri du chat	X	X				
Prader-Willi	X	X	X		X	
Williams	X		X		X	
Smith-Magenis	X	X				
Lesch-Nyhan		X				
Turner			X			
X fragile	X		X		X	
Micro-délétion 22q11 (vélocardio--facial)					X	X
Down			X	X	X	
Cornelia de Lange		X				

MARCHE À SUIVRE POUR DÉTECTER UN TROUBLE PSYCHIATRIQUE

Il existe un protocole que les cliniciens peuvent observer pour mieux comprendre l'influence des facteurs physiologiques, psychiques et sociaux sur la santé mentale d'une personne. Ce protocole est souvent présenté par les professionnels de la santé sous la forme d'un « arbre de décision » (voir p. 9) à quatre questions (Bradley et Burke, 2002) :

• Y a-t-il un problème médical ?
• Y a-t-il un problème au niveau du soutien ou des attentes ?
• Y a-t-il un problème émotionnel ?
• Y a-t-il un trouble psychiatrique ?

ÉTABLISSEMENT DU DIAGNOSTIC POUR LES PROBLÈMES COMPORTEMENTAUX

Patient amené en consultation en raison de l'intensification d'un comportement problématique

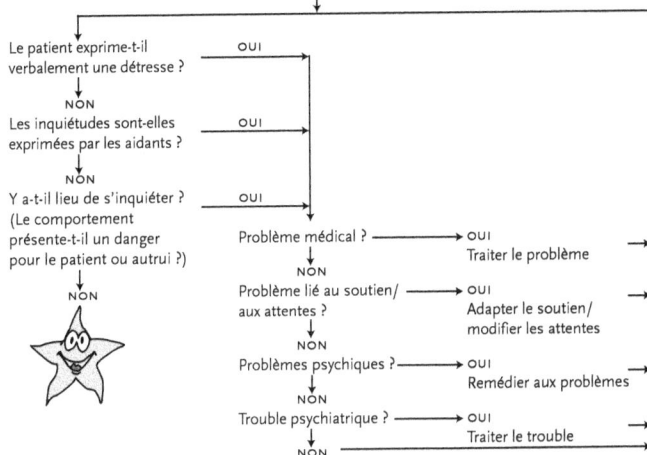

Le patient exprime-t-il verbalement une détresse ? — OUI

NON

Les inquiétudes sont-elles exprimées par les aidants ? — OUI

NON

Y a-t-il lieu de s'inquiéter ? — OUI
(Le comportement présente-t-il un danger pour le patient ou autrui ?)

Problème médical ? ⟶ OUI Traiter le problème

NON

NON

Problème lié au soutien/ aux attentes ? ⟶ OUI Adapter le soutien/ modifier les attentes

NON

Problèmes psychiques ? ⟶ OUI Remédier aux problèmes

NON

Trouble psychiatrique ? ⟶ OUI Traiter le trouble

NON

© Bradley et Summers, 1999. Révision : 2009.

1. Y a-t-il un problème médical ?

De nombreuses personnes atteintes de déficience intellectuelle peuvent avoir des problèmes médicaux qui passent inaperçus et ne sont pas traités. Un exemple : une personne constipée qui n'est pas en mesure de parler de sa douleur peut devenir agressive et s'en prendre à son entourage. Avant de se demander si cette personne présente un trouble psychiatrique, il importe de la soulager en traitant sa constipation. Si vous craignez qu'un membre de votre famille n'ait des problèmes de santé mentale, commencez donc par demander au médecin de procéder à un examen médical complet et faites régulièrement effectuer des examens dentaires ainsi que des examens de la vue et de l'ouïe.

2. Y a-t-il un problème au niveau du soutien ou des attentes ?

Une fois que la personne a subi un examen médical et qu'elle a été traitée, si nécessaire, il est important de se demander si son comportement pourrait s'expliquer par un manque de soutien ou un soutien inadéquat. En effet, si elle n'est pas en mesure de faire ce qu'elle souhaite ou ce qu'on attend d'elle, elle pourrait en éprouver de l'angoisse ou de la colère ou se sentir abattue. Par exemple, si une personne atteinte de déficience intellectuelle a un emploi qui consiste à emballer des objets et qu'elle a besoin qu'on l'aide à structurer son travail et qu'on lui rappelle certaines choses, elle pourrait être très contrariée si elle ne reçoit pas l'aide voulue. À l'inverse, si elle a l'impression qu'on l'aide trop et qu'on ne lui donne pas assez d'autonomie, cela peut également engendrer chez elle un sentiment de frustration. Demandez-vous donc s'il se pourrait que les besoins de la personne ne soient pas satisfaits et, s'il y a lieu, parlez avec les prestataires de services pour déterminer comment optimiser ces services afin de répondre aux besoins de la personne.

3. Y a-t-il un problème émotionnel ?

Il existe une différence entre les troubles émotionnels et les troubles psychiatriques. Nous connaissons tous des moments où nous éprouvons de fortes émotions négatives : colère, tristesse, angoisse... Ces émotions peuvent être causées par des situations stressantes (un déménagement, la perte d'un être cher, le fait d'être délaissé ou d'être victime de maltraitance, par exemple) ou par des états psychiques (manque d'estime de soi, sentiment de ne pas être à la hauteur, etc.). Il s'agit là de problèmes émotionnels : on y fait face en faisant appel à des personnes de son entourage ou à une stratégie d'adaptation et on se sent mieux. Cependant, si on essaie différentes stratégies et qu'aucune ne donne de résultats, le problème émotionnel peut se transformer en trouble psychiatrique.

4. Y a-t-il un trouble psychiatrique ?

Il n'existe pas de ligne de démarcation nette permettant de dire à quel moment un problème émotionnel affectant une personne atteinte de déficience intellectuelle devient suffisamment grave pour pouvoir être qualifié de trouble psychiatrique. Cependant, les problèmes émotionnels qui ne sont pas reconnus et auxquels on ne peut donc pas remédier risquent de s'intensifier et de perturber gravement la personne et son entourage. De nombreux cliniciens ont recours aux critères du Manuel diagnostique et statistique des troubles mentaux (DSM) pour effectuer le dépistage des troubles psychiatriques et en déterminer la nature. La plupart des personnes qui présentent un trouble psychiatrique reçoivent un diagnostic précis à un moment ou à un autre du traitement. Toutefois, étant donné la similitude des symptômes de nombreux troubles, il se peut que le diagnostic change plusieurs fois en cours de traitement. Les cliniciens qui traitent des personnes atteintes de déficience intellectuelle se réfèrent aussi au DM-ID (*Diagnostic Manual – Intellectual Disability* ; Fletcher et coll., 2007), qui propose des adaptations au DSM-IV pour les personnes atteintes de déficience intellectuelle. Certains emploient également le DC-LD (*Diagnostic Criteria in Learning Disability*, Royal College of Psychiatrists, R.-U., 2001).

Comment préparer les visites chez le spécialiste

Vous pouvez faciliter la tâche du médecin en vous préparant méthodiquement avant les consultations. Pour vous aider à bien vous préparer, le Centre Surrey Place de Toronto a créé, dans le cadre de son Initiative pour les soins primaires en déficience intellectuelle, un outil intitulé *Un guide pour comprendre les comportements problématiques et les préoccupations émotionnelles*. Vous remplissez une partie du formulaire avant votre rendez-vous et le médecin remplit l'autre partie durant la consultation.

Voici quelques conseils qui vous aideront à tirer le meilleur parti de vos visites chez le spécialiste :

1. **Préparez-vous soigneusement.** Avant la consultation, prenez le temps nécessaire pour recueillir les renseignements dont vous avez besoin et noter vos préoccupations. Comme il se peut que vous n'ayez pas le temps de parler de tout, dressez une liste en ordre de priorité.

2. **Tenez un classeur médical.** Demandez systématiquement une copie des rapports rédigés après les consultations et insérez-les dans un classeur que vous apporterez à chaque consultation. Sinon, pour consulter un rapport rédigé par un autre médecin, un médecin doit d'abord vous demander la permission, mais il faut du temps pour effectuer une demande en ce sens auprès du médecin qui a rédigé le rapport et il faut ensuite attendre de le recevoir.

Dans le classeur, préparez une section sur les traitements antérieurs, avec une liste des médicaments testés (vous pouvez demander à votre pharmacien de vous imprimer cette liste). Inscrivez également les coordonnées de tous les membres de l'équipe de soins actuelle et de tous les aidants.

3. **Soyez précis.** Si vous êtes préoccupé par un symptôme ou un comportement particulier, donnez des exemples concrets. Ainsi, au lieu de dire « Jean ne dort pas bien », dites qu'il lui faut une heure et demie pour s'endormir ou qu'il se lève six fois par nuit. Au lieu de dire qu'il a perdu goût à la vie, donnez des exemples d'activités qu'il aimait et qui ont cessé de l'intéresser (sorties familiales au restaurant ou en salle de quilles, etc.).

Vous pouvez aussi apporter des photos ou des enregistrements vidéo montrant les comportements qui vous préoccupent. Si Valérie a saccagé sa chambre quand elle était agitée, prenez des photos de la chambre ou filmez-la et montrez les photos ou le film au médecin. Vous pouvez aussi faire un vidéo montrant la personne sous son meilleur jour afin que le médecin puisse juger du contraste.

4. **Présentez plusieurs points de vue.** Si vous en avez la possibilité, il serait bon que vous vous fassiez accompagner de personnes qui voient votre enfant en dehors du cadre familial – un enseignant

ou son superviseur au travail, par exemple. Et si vous ne pouvez pas vous faire accompagner au rendez-vous, demandez des comptes rendus que vous présenterez au médecin.

5. **Profitez au maximum du temps de la visite.** Les rendez-vous avec les spécialistes ne durent pas autant qu'on le souhaiterait et il se peut que vous quittiez le cabinet du médecin en vous demandant « Ai-je bien dit tout ce que je voulais ? Je n'arrive pas à me souvenir de ce qu'il faut faire maintenant ou du nom que le médecin a donné aux symptômes que je lui ai décrits ».

Il serait souhaitable qu'une personne qui connaît bien votre situation et qui se sent à l'aise dans le cadre médical vous accompagne pour vous aider à poser les bonnes questions et à comprendre les explications du médecin. Il pourrait s'agir d'un parent, d'un ami ou d'un professionnel.

Vous pourriez également enregistrer ce que dit le médecin. Même quand on pense comprendre ce que le médecin explique, la situation est stressante et on risque de manquer certaines choses. Par ailleurs, il se pourrait que l'intéressé lui-même veuille réentendre la conversation.

3 Le traitement

Les principes de traitement

Lorsque les soins prodigués pour la déficience intellectuelle et ceux prodigués pour les problèmes de santé mentale sont coordonnés et intégrés, on obtient de meilleurs résultats. Le traitement du double diagnostic met l'accent sur le dépistage et l'évaluation, sur les programmes spéciaux et sur la coordination des soins (ceux ciblant la déficience intellectuelle et ceux ciblant les problèmes mentaux), que ces soins soient dispensés par une seule personne ou par une équipe de traitement. Cinq principes gouvernent les soins aux personnes porteuses d'un double diagnostic :

1. Les personnes porteuses d'un double diagnostic sont d'abord et avant tout des êtres humains et leurs déficiences viennent en second lieu. Ces personnes n'ont pas que des problèmes ; elles ont aussi des atouts.

2. Chez les personnes atteintes de déficience intellectuelle, les problèmes de santé mentale sont courants, même s'ils ne sont pas suffisamment reconnus.

3. Chez les personnes atteintes de déficience intellectuelle, les problèmes de santé mentale sont complexes, mais compréhensibles.

4. Chez les personnes atteintes de déficience intellectuelle, le traitement des problèmes de santé mentale n'est pas simple, mais il donne des résultats.

5. Pour traiter les problèmes mentaux associés à la déficience intellectuelle, il faut trouver des solutions qui vont au-delà des traitements pour ces deux problèmes différents.

Les personnes aux prises avec des problèmes de santé mentale et une déficience intellectuelle sont parmi les plus vulnérables, tant face à la société que face à notre système de soins de santé. L'expérience indique que si on s'attaque à leurs problèmes de façon coordonnée et concertée – c'est-à-dire que si au lieu d'avoir recours à des services différents pour chaque difficulté particulière, on réalise l'intégration des services – on a de meilleures chances d'obtenir des résultats. Il faut cependant préciser que la plupart des gens n'obtiennent de résultats qu'au terme d'un processus complexe, qui exige du temps. Généralement, ce sont les membres de la famille qui sont les plus fidèles alliés de la personne et qui la soutiennent tout au long du traitement. Pour cela, ils doivent tour à tour se faire les défenseurs de ses droits, lui apporter un soutien et jouer le rôle de gestionnaires de cas.

Où les traitements sont-ils dispensés ?

ORGANISMES DE SERVICES AUX PERSONNES AVEC UNE DÉFICIENCE INTELLECTUELLE

Un grand nombre des organismes prestataires de services acceptent les demandes des patients qui s'y présentent à leur gré ainsi que les demandes des familles. Après une évaluation initiale, la personne est aiguillée vers le service le mieux adapté à ses besoins – thérapie comportementale ou counseling – et elle peut aussi faire l'objet d'une évaluation orthophonique et logopédique ou d'une évaluation psychologique qui permettront de cerner la nature de la déficience. Certains organismes n'offrent qu'une ou deux catégories de services, et si des problèmes particulièrement complexes se manifestent, ils peuvent adresser la personne à un prestataire de services spécialisé dans les cas de double diagnostic.

En Ontario, le ministère des Services sociaux et communautaires et le ministère des Services à l'enfance et à la jeunesse financent les services offerts par ce qu'il est convenu d'appeler le « secteur développemental ». Ce secteur inclut des services de relève – à domicile ou non – des aidants naturels, des programmes d'emploi et d'autres activités de jour ainsi que des services résidentiels.

En juillet 2011, le gouvernement de l'Ontario a instauré l'accès centralisé aux services destinés aux personnes de plus de seize ans atteintes de déficience intellectuelle. On accède désormais à ces services par le truchement des Services de l'Ontario pour les personnes ayant une déficience intellectuelle (SOPDI). Auparavant, pour obtenir toute l'aide dont elles avaient besoin, les familles devaient communiquer avec de nombreux services différents. À présent, chacun des neuf bureaux régionaux des SOPDI sert de point d'accès unique à tous les services de la région. On peut s'y renseigner sur l'admissibilité aux services, sur les services offerts et sur le mode d'accès à ces services. Pour vous renseigner sur les SOPDI et sur l'adresse du bureau de votre région, visitez le site Web des SOPDI.

ORGANISMES LOCAUX SPÉCIALISÉS EN SANTÉ MENTALE

Chaque région de l'Ontario possède de tels organismes. Vous pouvez trouver des renseignements à leur sujet dans le répertoire de la

Ligne d'aide sur la santé mentale de ConnexOntario. Ces organismes offrent des services de gestion de cas et de counseling ainsi que des thérapies de groupe, des soins infirmiers et des services psychiatriques. Certains offrent aussi des programmes récréatifs et des programmes de formation professionnelle pour les personnes aux prises avec des problèmes mentaux. Ces services ne s'adressent pas spécialement aux personnes porteuses d'un double diagnostic, mais ils peuvent convenir à certaines d'entre elles, en particulier à celles dont la déficience intellectuelle est légère. Les services et soutiens peuvent aussi s'adresser aux aidants naturels. Enfin, dans certaines régions, il existe des organismes communautaires qui offrent un soutien spécialisé aux personnes porteuses d'un double diagnostic.

PROGRAMMES DE TRAITEMENT DU DOUBLE DIAGNOSTIC

Il existe plusieurs programmes spécialisés auprès desquels œuvrent des cliniciens versés à la fois dans la déficience intellectuelle et les problèmes de santé mentale. En général, ces programmes sont interdisciplinaires, ce qui signifie que divers spécialistes – psychiatre, psychologue, thérapeute comportementaliste, prestataire de soins infirmiers, ergothérapeute, travailleur social, etc. collaborent pour déterminer la nature du problème et la meilleure façon de le traiter. Les listes d'attente pour l'accès à ces programmes sont souvent longues, mais il est approprié d'y avoir recours lorsque des services plus généraux ne suffisent pas à fournir les soins nécessaires.

Pour vous renseigner sur les services spécialisés offerts dans votre région, vous pouvez vous adresser à votre bureau régional des Services de l'Ontario pour les personnes ayant une déficience intellectuelle (SOPDI). Vous pouvez également communiquer avec les Réseaux communautaires de soins spécialisés (RCSS). Spécialisés dans le double diagnostic, les RCSS couvrent toute la province.

Les coordonnateurs et facilitateurs en soins de santé des RCSS pourraient vous aider à accéder aux services spécialisés offerts dans votre région.

SOINS PRIMAIRES

C'est souvent le médecin de famille ou un généraliste que l'on consulte en premier lieu au sujet d'un problème de santé mentale. Le rôle du médecin est de faire un bilan de santé pour s'assurer qu'il n'y a pas de pathologie pouvant provoquer ou exacerber les changements du comportement, de l'humeur ou de la pensée. Il arrive que le médecin effectue une évaluation psychiatrique complète ; c'est généralement le cas pour les troubles courants, comme la dépression et l'angoisse. Il se peut aussi que le médecin recommande de consulter un psychiatre.

La planification du traitement

Il n'existe pas d'intervention ou de programme qui convienne à toutes les personnes porteuses d'un double diagnostic. Tout plan de traitement doit être établi en fonction des besoins particuliers du client. Le plan de traitement doit :

• indiquer les problèmes ;
• fixer des objectifs à court et à long terme ;
• préciser les méthodes et les interventions choisies pour atteindre ces objectifs.

Généralement, une partie du traitement consiste à aider le client à trouver un emploi et un logement et à gérer ses finances ainsi qu'à lui proposer des activités de loisirs et à lui fournir une assistance pour les activités de la vie quotidienne. La personne effectuant l'évaluation recommandera peut-être de consulter un thérapeute ou d'instaurer un traitement médicamenteux. Parfois, le traitement comprend un volet destiné aux aidants naturels, pour les aider à effectuer des changements au niveau du soutien auquel ils ont recours et de leurs attentes à l'égard de leur proche. En effet, il est fréquent que le soutien dont une personne porteuse de double diagnostic a besoin soit sous-estimé. Lorsqu'on apprend à voir les choses différemment, on constate des améliorations sensibles au niveau du comportement problématique.

LA CAPACITÉ DE CONSENTIR À UN TRAITEMENT

En Ontario, toute personne a le droit, à condition d'en être mentalement capable, de prendre les décisions concernant son traitement, y compris de refuser le traitement.

Pour être considérée capable, une personne doit :

- être apte à donner ou à refuser son consentement ;
- avoir la capacité intellectuelle nécessaire à la prise de décision ;
- pouvoir donner ou refuser librement son consentement ;
- disposer de l'information nécessaire pour prendre une décision éclairée, dont l'information sur les risques et les effets secondaires possibles du traitement.

Si la personne n'est pas en mesure de donner un consentement éclairé, elle doit être déclarée incapable. Une personne est alors nommée pour prendre des décisions en son nom. Dans certaines provinces, ce rôle est dévolu à un membre de la famille tandis que dans d'autres, c'est le gouvernement qui nomme le décisionnaire. En Ontario, c'est le Bureau du tuteur et curateur public qui est chargé de cette responsabilité.

Ce n'est pas parce qu'une personne est porteuse d'un double diagnostic que les membres de sa famille ont automatiquement le droit de prendre des décisions à sa place. La capacité d'une personne à prendre des décisions la concernant dépend de la nature des décisions et de l'état présent de la personne. Certaines décisions sont plus compliquées à prendre que d'autres : il est plus facile de donner son accord pour se rendre à une séance de counseling que pour suivre un traitement médicamenteux qui comporte des risques importants. Par ailleurs, un adulte porteur de double diagnostic peut être parfaitement capable de prendre des décisions éclairées quand il se sent bien, mais pas le reste du temps.

Si vous vous demandez si la personne est à même de prendre des décisions concernant le traitement de ses problèmes mentaux, il serait bon que vous en parliez à votre équipe de soins avant qu'une urgence ne se produise.

Les types de traitements

Le traitement du double diagnostic peut combiner thérapie psychosociale et traitement médicamenteux.

LES THÉRAPIES PSYCHOSOCIALES

La psychoéducation

La psychoéducation consiste à sensibiliser aux problèmes de santé mentale les personnes qui en sont affectées et leurs familles. Quand une personne comprend ses problèmes, elle est mieux armée pour faire des choix éclairés. La psychoéducation aide les clients et leurs familles à faire face à leurs problèmes et à trouver des moyens de prévention.

Durant les séances de psychoéducation, les sujets abordés sont les suivants :

• les causes des problèmes de santé mentale ;
• comment ces problèmes peuvent être traités ;
• comment gérer soi-même les problèmes (si possible) ;
• comment éviter de nouveaux épisodes.

La psychothérapie

Parfois qualifiée de « thérapie par la parole », la psychothérapie aide les gens à gérer leurs problèmes en les amenant à s'interroger sur la manière dont ils pensent, agissent et se comportent avec autrui.

Il existe de nombreuses formes de psychothérapie, dont certaines mieux adaptées que d'autres à certains types de problèmes. La psychothérapie peut être une thérapie à court ou à long terme.

La *thérapie à court terme* a un objectif précis et elle est bien structurée. Le thérapeute joue un rôle actif en orientant le processus. D'habitude, ce type de traitement ne se prolonge pas au-delà de 10 à 20 séances.

Dans la *thérapie à long terme*, le thérapeute joue un rôle moins actif et le processus est moins structuré. En général, le traitement dure au moins un an, le but étant d'aider le client à aller au fond de ses problèmes psychiques.

Le succès du traitement dépend de la relation avec le thérapeute, qui doit être une personne en qui le patient a confiance et avec qui il se sent à l'aise. Son rôle est d'apporter du soutien. Le thérapeute peut être un médecin, un travailleur social, un psychologue ou un autre professionnel. Les thérapeutes se spécialisent dans divers types de psychothérapies. Certains exercent dans des hôpitaux et d'autres dans des cliniques ou en cabinet privé.

LA THÉRAPIE COMPORTEMENTALE

Comme son nom l'indique, la thérapie comportementale vise à agir sur le comportement. Le thérapeute amène son client à prendre conscience des raisons qui le poussent à agir d'une certaine manière et il lui apprend à substituer de nouveaux comportements à ceux qui sont problématiques. La thérapie consiste à découvrir à quoi sert un comportement particulier et à déterminer des types de renforcement favorisant l'apprentissage. Un grand nombre de recherches montrent que la thérapie comportementale peut être bénéfique aux personnes porteuses d'un double diagnostic.

LA THÉRAPIE COGNITIVO-COMPORTEMENTALE

La thérapie cognitivo-comportementale (TCC) est fondée sur le principe selon lequel la façon de penser a une grande influence sur le comportement. Le thérapeute aide la personne à cerner les pensées et les comportements qui lui sont préjudiciables et à acquérir de meilleures aptitudes et habitudes. Ensemble, le client et le thérapeute définissent des objectifs et des stratégies et le client doit mettre ses nouvelles aptitudes en pratique entre les séances. Un ensemble croissant de recherches montre que la TCC peut être bénéfique aux personnes porteuses d'un double diagnostic à condition qu'elles aient les aptitudes langagières nécessaires pour participer à une thérapie par la parole.

LA FORMATION AUX COMPÉTENCES SOCIALES

Les formateurs font appel à diverses techniques : jeux de rôles, apprentissage imitatif, accompagnement (coaching), mise en pratique des nouvelles habiletés, rétroaction, etc. pour aider leurs clients à acquérir (ou à réapprendre) des compétences sociales. La formation aux compétences sociales peut enseigner aux personnes porteuses d'un double diagnostic à améliorer leurs interactions avec autrui.

LA THÉRAPIE COMPORTEMENTALE DIALECTIQUE

La thérapie comportementale dialectique (TCD) est un type de thérapie cognitivo-comportementale qui sert à traiter divers problèmes comportementaux. Le thérapeute amène le client à s'interroger sur l'influence de son histoire et de son expérience personnelle sur ses émotions. La TCD est basée sur une technique occidentale, la thérapie cognitivo-comportementale, et sur une philosophie orientale, le Zen. Le thérapeute enseigne au client à :

- devenir pleinement conscient de ses pensées et de ses actes
- (« attention consciente ») ;
- tolérer l'angoisse ;
- gérer ses émotions ;
- mieux communiquer ;
- avoir de meilleures relations avec autrui.

LA THÉRAPIE PSYCHODYNAMIQUE (ORIENTÉE SUR L'INTUITION)

La thérapie psychodynamique, ou « thérapie fondée sur l'intuition », repose sur l'idée que le comportement est influencé par des dynamiques inconscientes. Le thérapeute amène le client à examiner les problèmes inconscients découlant d'anciens problèmes relationnels non résolus. L'efficacité de la thérapie psychodynamique pour les personnes porteuses d'un double diagnostic reste à prouver, mais elle pourrait être incorporée au traitement dans certains cas.

AUTRES THÉRAPIES, MOINS AXÉES SUR LA PAROLE

Pour les personnes atteintes de déficience intellectuelle, on peut aussi avoir recours à d'autres formes de thérapie moins axées sur la parole : la ludothérapie, la thérapie par le jeu de sable, la musico-thérapie et l'art-thérapie, par exemple. Certaines d'entre elles, qui font appel à l'expérience sensorielle, offrent de nouvelles stratégies pour accroître la tolérance au stress. Elles fournissent également aux clients l'occasion d'exprimer leurs émotions de façon créatrice et d'avoir, avec le thérapeute, des échanges fondés sur la réciprocité. Ces thérapies, qui visent à renforcer l'estime de soi, introduisent de nouvelles façons de gérer le stress.

Les groupes d'entraide

Ces groupes sont constitués de personnes en butte aux mêmes difficultés. Ils fournissent l'occasion de parler de ses problèmes en toute sécurité, en sachant qu'on sera compris. Au sein de ces groupes, les gens nouent souvent de solides liens d'amitié.

Il existe des groupes d'entraide pour les personnes dont la déficience intellectuelle et les problèmes de santé mentale sont très légers. Il existe aussi des groupes d'entraide pour les familles.

LES TRAITEMENTS MÉDICAMENTEUX

Traitements pour les troubles psychiatriques

Lorsqu'une personne reçoit un diagnostic de trouble psychiatrique (trouble de l'humeur, trouble anxieux, schizophrénie, trouble du déficit de l'attention avec hyperactivité ou autre), le plan de traitement inclut souvent la prescription de médicaments.

En psychiatrie, la plupart des médicaments prescrits (psychotropes) servent à corriger un déséquilibre chimique du cerveau pour réduire la fréquence et l'intensité des symptômes. Il existe quatre grandes classes de psychotropes, selon les problèmes à traiter :

• les antidépresseurs ;
• les psychorégulateurs ;
• les anxiolytiques (médicaments contre l'angoisse) et les sédatifs ;
• les antipsychotiques.

Traitements pour les comportements problématiques

Il n'est pas toujours possible d'attribuer les symptômes ou comportements affichés par une personne porteuse d'un double diagnostic à un trouble psychiatrique particulier. Lorsque le trouble psychiatrique sous-jacent est incertain ou inconnu, le plan de traitement des comportements problématiques peut comporter la prescription de médicaments. En pareille situation, il est essentiel de savoir ce que l'on cherche à traiter et d'avoir une description précise du comportement de la personne avant l'instauration du traitement médicamenteux pour pouvoir mesurer les changements apportés (voir le paragraphe sur le rôle de la famille quant à la prise de médicaments, en page 27).

En présence d'une situation complexe et difficile à gérer, les familles et les professionnels peuvent toujours rêver du remède miracle qui viendrait instantanément mettre un terme au problème, mais il faut savoir qu'il n'existe pas de potion magique et que tous les médicaments s'accompagnent d'effets secondaires. Ce n'est pas d'hier qu'on a recours à des médicaments (et surtout à des antipsychotiques) pour calmer les personnes affichant des comportements difficiles. Cependant, étant donné le manque de recherches à ce sujet, il n'est pas possible de dire si les médicaments prescrits à cette fin donnent des résultats à long terme. En outre, il arrive qu'un médicament produise le contraire de l'effet recherché et qu'il exacerbe le stress et l'agitation du patient.

GESTION DE LA THÉRAPIE MÉDICAMENTEUSE

Pour les personnes atteintes de déficience intellectuelle, la gestion de la pharmacothérapie est particulièrement complexe et devrait s'inscrire dans un cadre plus large. Elle nécessite un suivi attentif, surtout lorsque la personne traitée est incapable de parler des effets des médicaments et de signaler les effets secondaires. Dans la publication intitulée *Soins primaires aux adultes ayant une déficience développementale : Lignes directrices consensuelles canadiennes*, il est recommandé que la pharmacothérapie soit soumise à une réévaluation tous les trois mois et qu'un examen approfondi des schémas posologiques complexes soit effectué tous les ans (Sullivan et coll., 2011).

Les médicaments procurent à certaines personnes une rémission complète de leurs symptômes, mais ce n'est pas le cas pour tout le monde et le soulagement obtenu varie. Ce n'est souvent qu'après une série de tâtonnements qu'on trouve le traitement le mieux adapté à chacun. Le patient et sa famille doivent prendre part au processus décisionnel et on doit les informer des bienfaits et des risques des médicaments, ce qui inclut les effets secondaires. Il faut savoir qu'il existe des interactions entre médicaments. Renseignez-vous à ce sujet auprès de votre médecin afin d'éviter des problèmes.

Mise en lumière et minimisation des effets secondaires

Les personnes atteintes de déficience intellectuelle ont beaucoup de mal à signaler elles-mêmes les effets secondaires des médicaments qu'elles prennent. Les membres de la famille doivent donc collaborer avec l'équipe de traitement pour repérer les possibles effets secondaires de chacun des médicaments prescrits et trouver des moyens d'en faire un suivi objectif, en se concentrant sur les comportements observables. Les effets secondaires peuvent s'intensifier ou s'atténuer avec le temps ; si certains sont légers, d'autres sont si sévères qu'ils rendent la vie impossible. Beaucoup de gens arrêtent de prendre leurs médicaments en raison des effets secondaires, et ce, sans en parler à quiconque. Or, il est dangereux d'arrêter de prendre ses médicaments ou d'en changer sans consulter l'équipe de traitement.

L'équipe de traitement peut suggérer des moyens de minimiser d'éventuels effets secondaires. Exemples de stratégies :

• fractionner le médicament en petites doses à administrer tout au long de la journée ;
• administrer le médicament avec de la nourriture (pour le type de nourriture approprié, suivre les recommandations de l'équipe de traitement) ;
• administrer un autre médicament pour traiter un effet secondaire particulier ;
• remplacer le médicament par un autre.

Il est parfois surprenant de constater la différence qu'une modification posologique minime peut avoir sur la réponse au traitement ou sur les effets secondaires. Il se peut qu'une certaine dose soit nécessaire en cas d'épisode aigu, mais que pour le maintien, une dose moins forte suffise. En outre, il est possible que la dose doive être modifiée au cours du temps.

Le rôle de la famille quant à la prise de médicaments

Vous devez connaître – et veiller à ce que le membre de votre famille connaisse – le nom de chaque médicament prescrit, avec sa posologie et la raison pour laquelle il a été prescrit. Le plus simple est de demander à votre pharmacien de vous imprimer la liste des médicaments que le membre de votre famille prend actuellement et de ceux qu'il a pris par le passé. Conservez cette liste dans un endroit qui soit facilement accessible en cas d'urgence ; vous pourriez également avoir besoin de cette liste si vous devez vous rendre en consultation chez un médecin qui n'a pas de dossier indiquant la liste des médicaments actuels du patient.

Sachez que les médecins peuvent prescrire des médicaments pour traiter toutes sortes d'affections et qu'un médicament prescrit pour une affection physique pourrait interagir avec un médicament prescrit pour un problème psychiatrique. Pour prescrire un médicament, tout médecin a besoin de connaître la liste complète des médicaments pris par le patient.

Vous pouvez également participer au suivi du traitement pharmacologique :

- en indiquant l'intensité des symptômes des maladies sur une échelle de 1 à 10 et en notant toute amélioration ;
- en tenant un journal des comportements afin de déterminer si le médicament prescrit a un effet (p. ex., s'il y a eu un changement de dose, qu'avez-vous observé ?) ;
- en notant les effets secondaires et en les signalant à l'équipe de traitement ;
- en vous informant des interactions médicamenteuses auprès du médecin ou du pharmacien avant que le membre de votre famille ne prenne un nouveau médicament (sur ordonnance ou en vente libre).

Lorsque des modifications sont apportées au traitement, vous avez un rôle important à jouer en signalant ce que vous observez : les symptômes ont-ils empiré ? Les effets secondaires se sont-ils atténués ?

Il se pourrait également que vous soyez la seule personne à être en mesure d'aider le médecin à déterminer si le moment est bien choisi pour apporter des changements au schéma thérapeutique. En effet, si un bouleversement intervient dans les habitudes du membre de votre famille, il risque d'être difficile de déterminer dans quelle mesure le changement observé est dû aux circonstances ou à la modification de la pharmacothérapie. Il n'est donc pas recommandé de modifier le traitement juste avant des vacances en famille, à la fin de l'année scolaire ou en cas de déménagement de la famille. En outre, il ne faut pas oublier qu'il est important de faire une réévaluation périodique du schéma thérapeutique ; il vous incombe donc de le rappeler au médecin, s'il a omis d'en faire une.

La coordination des soins

LA GESTION DE CAS

Les personnes porteuses d'un double diagnostic peuvent avoir recours aux services d'un centre de santé mentale local pour la gestion de cas, mais il faut savoir que les gestionnaires de cas qui travaillent dans ces centres sont compétents en matière de maladie mentale, mais non en matière de déficence intellectuelle. On peut également s'adresser à un centre de services aux personnes atteintes de déficience intellectuelle, mais les gestionnaires de cas ne seront pas forcément compétents en matière de maladie mentale. Le degré de soutien offert par le gestionnaire de cas varie : une ou deux heures par semaine ou plus, selon le gestionnaire de cas et la situation.

Certains gestionnaires de cas connaissent bien le double diagnostic. En Ontario, si l'on a besoin d'un gestionnaire de cas et qu'on se demande comment s'y prendre, il convient de réfléchir aux types de services qu'on souhaite recevoir et de déterminer s'il est important que le gestionnaire de cas connaisse bien les déficiences intellectuelles. Si votre proche présente de graves troubles de santé mentale ainsi qu'une déficience intellectuelle importante et que vous souhaitiez qu'il reçoive des soins intégrant la gestion de cas liée à la déficience intellectuelle et celle liée aux problèmes mentaux, nous vous recommandons de commencer par vous adresser à un bureau des SOPDI. Si vous éprouvez de la difficulté à naviguer entre les services de santé mentale et les services aux personnes atteintes de déficience intellectuelle, vous pouvez également essayer de communiquer avec le coordonnateur de votre agence régionale des Réseaux communautaires de soins spécialisés.

LES ÉQUIPES DE TRAITEMENT COMMUNAUTAIRE DYNAMIQUE

Certaines personnes présentant de graves problèmes de santé mentale peuvent bénéficier du soutien intensif dispensé par une équipe de traitement communautaire dynamique (TCD). Les équipes de TCD apportent un soutien aux personnes porteuses d'un double diagnostic si elles présentent un trouble psychiatrique comme la schizophrénie, un autre trouble psychotique ou un trouble bipolaire. Vous trouverez des renseignements détaillés au sujet des critères applicables dans le document intitulé *Normes du programme ontarien à l'intention des équipes de traitement communautaire dynamique (TCD)*.

Le modèle TCD a été conçu pour répondre aux besoins des clients qui, atteints d'une grave maladie mentale, ont connu de nombreuses rechutes et réhospitalisations, souvent en raison de leur incapacité ou de leur réticence à se rendre dans leur centre local de santé mentale. L'équipe de TCD fournit un soutien et des services à toute heure du jour et de la nuit : gestion de cas, évaluation, soins psychiatriques, aide à l'emploi et au logement, soutien aux familles (y compris sensibilisation) et autres services destinés à aider les personnes atteintes de double diagnostic à vivre à domicile plutôt que dans un établissement spécialisé.

L'hospitalisation

Une hospitalisation de durée limitée est parfois justifiée. La décision d'hospitaliser une personne en raison d'un problème comportemental ou psychiatrique est généralement prise par un psychiatre. Le plus souvent, la décision est prise au service des urgences de l'hôpital, à la suite d'une évaluation psychiatrique.

Une hospitalisation peut être planifiée pour un patient externe.
Ceci peut se produire pour diverses raisons :

- La personne a besoin d'être placée sous étroite surveillance.
- Il est important d'observer la personne ailleurs que dans son milieu habituel.
- Il y a des problèmes médicaux complexes qui ont besoin d'être pris en charge en milieu hospitalier.
- Il est nécessaire d'ajuster la médication dans un milieu bien contrôlé et sécuritaire.

La planification de l'hospitalisation au préalable présente plusieurs avantages :

- Elle offre au patient et à sa famille l'occasion de se préparer à l'avance.
- La raison de l'hospitalisation est connue de tous les intéressés.
- L'hôpital peut préparer la chambre de la personne pour répondre à ses besoins particuliers.

Pour une personne atteinte de déficience intellectuelle, une hospitalisation peut être une importante source de stress ; ce n'est donc pas une décision à prendre à la légère. L'équipe de traitement doit soigneusement peser le pour et le contre. Néanmoins, si l'hospitalisation est le moyen le plus sûr d'effectuer une évaluation médicale ou d'instaurer un traitement, elle se justifie, en dépit du stress qu'elle peut causer au patient.

COMMENT PLANIFIER UN SÉJOUR À L'HÔPITAL

Il est possible pour les familles d'atténuer le stress de la personne qui doit séjourner à l'hôpital, et ce, grâce à diverses mesures.

Se familiariser avec l'hôpital

Les familles qui le peuvent ont intérêt à visiter l'unité hospitalière avant l'admission. Il existe de nombreux règlements dans les hôpitaux et il est utile de s'informer à leur sujet. Vous pourriez ainsi vous renseigner :

- sur les heures des visites ;
- sur ce que les familles sont autorisées à apporter à l'hôpital ;
- sur le moment où le patient pourra quitter l'hôpital ;
- sur le numéro à composer si vous avez des questions ;
- sur la politique de l'hôpital en matière de moyens de contention ;
- sur les procédures applicables si l'hôpital utilise des moyens de contention (l'hôpital communiquera-t-il avec vous s'il y a recours ?).

Il pourrait également être utile pour le patient de visiter l'hôpital avant son admission ou de voir des photos de l'hôpital et de la chambre dans laquelle il séjournera. Il est très important qu'il connaisse les membres du personnel qui s'occuperont de lui et leurs rôles respectifs. Comme il peut être difficile pour le patient de mémoriser des noms, il pourrait être utile, au moment de l'admission, que vous lui remettiez des photos des membres du personnel, avec leurs noms et, si possible, une description de leurs tâches. Un exemple : « Julie est mon infirmière. C'est à elle que je dois m'adresser si j'ai des questions sur la prise de mes médicaments, sur mes repas et sur mes activités de la journée. La D^{re} Gingras est mon médecin. Elle me demandera comment je me sens et elle essaiera de remplacer les médicaments que je prends par des médicaments qui me fatigueront moins. ».

Présenter son proche au personnel hospitalier

Une hospitalisation implique un bouleversement des habitudes qui peut être très mal vécu par les personnes atteintes de déficience intellectuelle. Parlez donc au personnel hospitalier des habitudes du membre de votre famille, des moments de la journée où il fait certaines choses et des jours de la semaine où il se livre à certaines activités. En étant au courant de ces habitudes, même s'il ne peut pas s'y plier, le personnel sera mieux préparé pour lui fournir un soutien. Ainsi, à supposer que le mercredi soit un jour « pas comme les autres » pour votre proche, car c'est le jour où il joue aux quilles ou qu'on lui sert de la pizza au travail : même s'il ne peut pas jouer aux quilles ou manger de la pizza à l'hôpital, il est très utile que le personnel sache toute l'importance que revêt cette journée à ses yeux ; et à supposer que votre proche mette toujours ses vêtements dans un ordre particulier ou qu'il s'habille toujours après le déjeuner, il est également utile que le personnel infirmier en soit informé.

Indiquez au personnel infirmier les mots ou les phrases qui sont propres à votre proche et qui risqueraient de n'être pas bien comprises. Indiquez aussi au personnel comment votre proche se comporte quand il éprouve de la douleur, qu'il est contrarié ou agité. Expliquez ce que vous faites en pareil cas pour éviter que les choses ne s'aggravent.

Le passeport du patient est un bon moyen de présenter le membre de votre famille au personnel hospitalier. Vous pouvez consulter deux exemples de tels passeports (en anglais) : l'un fourni par Easyhealth.org (site du Royaume-Uni) et l'autre par l'*American Academy of Pediatrics* (site de la section du New Jersey). Des exemplaires du passeport du patient peuvent être placés au poste de soins infirmiers et au chevet du lit de votre proche.

Il serait bon également que vous vous renseigniez pour voir s'il existe des activités ou des programmes communautaires auxquels votre proche pourrait participer durant son séjour à l'hôpital. En effet, il est stressant et perturbant d'être coupé du monde extérieur.

Apporter à l'hôpital des objets symboles de réconfort

En commun avec votre proche et le personnel de l'hôpital, détermi-
nez ce que vous pourriez apporter à l'hôpital sans transgresser les
règles de sécurité et ce qui pourrait aider votre proche à se sentir
moins dépaysé. Il pourrait s'agir de mettre des photos au mur ou
de lui apporter des vêtements confortables, de la musique, des jeux,
du matériel d'activités, un coussin ou une couverture qui lui rappelle
la maison, etc. Nous avons tous besoin de moyens de réconfort.
Peut-être votre proche aime-t-il écouter une certaine musique ou
s'adonner à une certaine activité quand il se sent stressé. Une idée
serait que vous apportiez un iPod ou le matériel nécessaire à cette
activité à l'hôpital, en autant que votre proche soit capable de s'en
passer dans l'éventualité où il serait perdu ou endommagé.

La sécurité à l'hôpital

Les hôpitaux ont des politiques et procédures bien établies pour
assurer la sécurité des clients et des membres du personnel. C'est
ainsi que toutes les personnes nouvellement hospitalisées font
l'objet d'une évaluation relativement au risque de chute. Si nécessaire, le plan de traitement incorporera des mesures de prévention
et de sécurité.

Avant l'admission, les médicaments prescrits à l'extérieur de l'hôpital
sont passés en revue par le service des admissions, ceci afin d'éviter
les substitutions non intentionnelles de médicaments importants.

En cas d'hospitalisation programmée d'une personne porteuse
d'un double diagnostic, ses comportements peuvent faire l'objet
d'une évaluation préalable et les stratégies qui ont déjà donné
des résultats pourront être incorporées au plan de traitement.

RÔLE DE LA FAMILLE DURANT L'HOSPITALISATION

Le degré d'implication des familles à l'hôpital varie selon les familles et les patients. Une discussion du rôle de la famille avec l'équipe hospitalière est essentielle. Il est très important que votre proche sache exactement à quoi s'attendre quant à la fréquence des visites et leur durée, et vous devez veiller à vous tenir à ce qui a été décidé. Rédigez un calendrier des visites et des appels téléphoniques auquel votre proche pourra se référer. Il peut être particulièrement frustrant pour lui que ses appels restent sans réponse quand vous n'êtes pas disponible. Or, si les membres du personnel infirmier savent qu'il va recevoir un appel à une certaine heure, ils peuvent calmer ses inquiétudes à ce sujet.

Les familles peuvent aussi s'impliquer dans les soins prodigués à leur proche en assistant aux réunions. Renseignez-vous sur le moment où l'équipe de soins se réunira pour examiner le cas de votre proche et demandez si vous pouvez participer à la réunion pour y apporter des renseignements sur votre proche.

Durant l'hospitalisation, une partie du rôle de la famille consiste à préparer la sortie de l'hôpital. Les membres de la famille et les membres des organismes qui s'occuperont de votre proche une fois qu'il sera sorti de l'hôpital devraient passer un certain temps dans le service où il se trouve pour observer les protocoles en place et déterminer la meilleure façon d'harmoniser leurs soins avec ces protocoles une fois que votre proche aura quitté l'hôpital.

4 Les situations de crise et d'urgence

Même en planifiant du mieux qu'on peut, on n'est jamais complètement à l'abri d'une crise, et les crises peuvent se produire sans crier gare.

Il faut entendre par *crise* toute forte détérioration de la capacité d'une personne à affronter le quotidien. La crise peut marquer un tournant – négatif ou positif. Une crise survient lorsqu'une personne sent qu'elle perd le contrôle de ses émotions ou de son comportement et qu'elle a du mal à faire face aux exigences de la vie quotidienne. La personne peut ressentir un immense désespoir, une profonde tristesse ou une violente colère. Il se peut qu'elle ait des insomnies, qu'elle entende des voix ou qu'elle se croie dotée de pouvoirs surhumains. Une crise n'implique pas forcément un grave danger, mais de nombreuses situations de crise nécessitent un recours à une aide extérieure. Il faut alors s'adresser au médecin de famille ou au thérapeute, ou encore à un service mobile de crise ou à une ligne d'écoute téléphonique.

Une *urgence* est une situation qui présente le danger immédiat que la personne ne s'inflige des blessures ou n'en inflige à autrui (Chan et Noone, 2000). Exemples de situations d'urgence :

• menaces de suicide ;
• menaces de violence ;

• jugement dangereusement altéré, causé par une psychose, un état d'ivresse ou d'autres états de ce type.

En se préparant de façon adéquate, on peut éviter qu'une situation ne dégénère en crise. Une bonne préparation permet aussi de soulager l'angoisse et la souffrance de la personne porteuse de double diagnostic et de sa famille au cas où une crise se produirait. Mettez sur pied une équipe de secours, pour le cas où une crise surviendrait. Cette équipe peut comporter tout service et toute personne susceptible de vous apporter son aide. Vérifiez que tout le monde est bien d'accord pour faire partie de l'équipe et ayez tous les numéros de téléphone des membres de l'équipe à portée de main. Il existe d'autres façons de parer à l'éventualité d'une crise : le plan d'urgence et les fiches d'urgence.

Plans d'intervention pour les situations de crise et d'urgence

Il pourrait être utile que vous vous réunissiez avec les membres de votre famille et ceux de l'équipe de traitement afin de discuter de ce que vous feriez en cas de crise ou d'urgence. Cela vous évitera d'avoir à régler un problème « à chaud », alors que votre proche ou d'autres membres de la famille sont très contrariés. Sous l'influence du stress, vous pourriez dire des choses que vous regretteriez ou prendre des mesures qui ne feraient qu'empirer les choses.

Choisissez un moment où tout le monde est détendu pour prévoir ce que vous feriez au cas où :

• la famille remarquerait la réapparition de certains symptômes de maladie mentale ;
• une crise surviendrait.

ÉLABORATION D'UN PLAN D'ACTION DE CRISE

En élaborant un tel plan avec la collaboration de votre proche, vous l'invitez à prendre une part active à son traitement. De plus, l'élaboration d'un tel plan *à l'avance* peut parfois permettre de prévenir une crise. Il faut cependant savoir qu'une crise est toujours possible.

Le site Web de Surrey Place fournit un exemple de plan (en anglais) pour la prévention et le contrôle des crises.

Les recommandations suivantes vous aideront à concevoir un plan d'action adapté aux besoins de votre proche, en cas de crise :

- Assurez-vous que votre proche prenne, autant que possible, une part active à la discussion. Assurez-vous également que ses préférences soient prises en compte. Un exemple : durant son séjour à l'hôpital, il se peut que votre proche ait besoin d'être calmé s'il est très agité, et vous savez qu'il préférerait être soumis à une contention physique plutôt qu'être forcé à prendre des médicaments ; ce renseignement devrait donc figurer dans le plan d'action de crise.
- Faites participer à l'élaboration du plan autant de membres de votre famille que vous le jugez bon et veillez à ce que la ligne de conduite retenue convienne à tous.
- Adoptez des mesures concrètes pour la mise à exécution de votre plan, en attribuant un rôle précis à chacun des membres de la famille impliqués. Il vous faudra notamment déterminer qui serait le mieux placé pour accompagner votre proche à l'hôpital, qui devrait rester un certain temps à l'hôpital avec lui et qui devrait passer les coups de téléphone à l'hôpital.
- Choisissez quelqu'un qui communiquera avec l'équipe de traitement (ou, si requis, avec la police) pour le cas où votre proche serait dans l'incapacité de le faire lui-même.
- Demandez à votre proche la permission de communiquer certains renseignements au personnel de l'hôpital ou à la police.

• Renseignez-vous auprès de votre équipe de traitement sur la manière de créer un plan d'urgence. Les thérapeutes comportementalistes ont souvent de l'expérience en la matière et pourraient vous aider à établir un plan d'urgence que tous les intéressés puissent revoir, puis signer.

• Dans votre plan d'urgence, ne manquez pas d'inclure l'hôpital local, surtout si votre proche s'est déjà rendu dans un service d'urgence. Le personnel de l'hôpital pourrait avoir des idées sur la manière de minimiser le stress d'une admission aux urgences. Si des membres du personnel voient un plan d'urgence auquel l'hôpital a contribué, il y a de meilleures chances qu'ils se conforment à ce plan et qu'ils vous fournissent le soutien dont vous avez besoin. Les plans d'urgence qui sont conçus sans la contribution de l'hôpital risquent de comporter des attentes déraisonnables à l'égard du personnel hospitalier. L'infirmière en soins d'urgence ou le travailleur social à qui vous avez eu affaire lors d'une visite précédente pourrait être la personne toute indiquée pour vous aider.

Pensez à la façon dont le plan d'urgence pourrait être communiqué au personnel hospitalier s'il y a des chances que votre proche se rende à l'hôpital de son propre chef, sans prévenir la famille. Certains hôpitaux peuvent stocker électroniquement des renseignements, qui sont ainsi accessibles à tous les membres de leur personnel. Vous pouvez également avoir recours à une fiche d'urgence.

FICHES D'URGENCE

Par expérience, les personnes porteuses d'un double diagnostic et les membres de leurs familles trouvent très utile d'inscrire les renseignements importants sur une fiche de petite dimension ou une feuille de papier qu'ils peuvent plier, de manière à toujours avoir ces renseignements sur eux – bien en vue dans leur portefeuille, par exemple.

Une fiche d'urgence contient généralement des renseignements destinés à des tiers (amis, prestataires de soins, membres de la police, inconnus), pour le cas où la personne connaîtrait une crise de santé mentale hors de chez elle. Sur la fiche d'urgence peuvent figurer les renseignements suivants :

- les numéros de téléphone des personnes à appeler en cas de crise ou d'urgence, par ordre de priorité ;
- les coordonnées du psychologue ou psychiatre de la personne, celles de son thérapeute ou celles du travailleur social qui s'occupe d'elle ;
- les coordonnées de son médecin de famille ;
- les coordonnées de l'hôpital ou du centre de traitement où la personne est actuellement traitée ou a été traitée par le passé, à l'externe ou en tant que résidente ;
- une liste de tous les médicaments que prend actuellement la personne, avec tous les renseignements posologiques (vous pourriez également indiquer le nom et le numéro de téléphone de la pharmacie où vous faites généralement exécuter les ordonnances) ;
- une liste des médicaments auxquels la personne est allergique ;
- une liste des médicaments qui n'ont produit aucun effet ou que la personne refuse de prendre en raison des effets secondaires (vous pouvez dresser la liste de ces médicaments dans une colonne et énumérer les effets secondaires dans une deuxième colonne) ;
des conseils sur la manière de s'adresser à la personne et de l'aider à se calmer si elle est en situation de crise : sujets de conversation neutres pour obtenir une réaction de la personne ou la faire penser à autre chose, aliments favoris et autres tactiques pour l'inciter à se calmer (p. ex. musique ou jeux vidéos).

Le centre Surrey Place a créé un formulaire (PDF) d'une page intitulé *Renseignements essentiels pour le service d'urgence*, qui pourrait permettre au personnel du service des urgences de s'occuper au mieux de votre proche.

Les traitements d'urgence

Si votre proche est en crise :

• Essayez d'être calme et de lui apporter du réconfort.

• Proposez-lui de communiquer avec les personnes de l'équipe de secours : médecin, intervenant du programme de jour, gestionnaire de cas ou toute autre personne indiquée dans le plan d'urgence. Si possible, demandez à votre proche s'il souhaite parler au téléphone avec ces personnes.

En suivant ces conseils, vous éviterez peut-être que la crise ne se transforme en urgence. Sachez néanmoins qu'on ne peut pas toujours éviter une situation d'urgence. Il est donc utile de savoir que faire en pareil cas.

Si votre proche menace de se faire du mal, de vous en faire ou d'en faire à quelqu'un d'autre, ou s'il menace de causer d'importants dégâts matériels, faites le nécessaire pour assurer votre sécurité et celle d'autrui, y compris celle de votre proche. Pour cela, il vous faudra peut-être quitter votre proche pour demander de l'aide, mais il est conseillé de n'avoir recours à une telle mesure que dans des circonstances exceptionnelles et de ne laisser la personne seule que pour un bref instant. Dans la mesure du possible, faites disparaître les objets avec lesquels votre proche pourrait s'infliger des blessures.

Hospitalisation

Il est préférable que vous obteniez l'assentiment de votre proche au sujet d'une hospitalisation. Si vous ne parvenez pas à le convaincre, demandez l'aide de quelqu'un en qui il a confiance pour le faire changer d'avis. Cette question devrait être abordée dans le cadre de votre plan d'action (voir « Élaboration d'un plan d'action de crise » en page 38). Essayez d'offrir un choix à votre proche. Cela apaisera ses craintes d'être contraint et forcé.

Appel au centre des urgences (911)

Si votre proche semble constituer un danger pour lui-même ou pour autrui et qu'il refuse de voir un médecin, vous pouvez demander à un juge ou un juge de paix (selon la province ou le territoire où l'on réside) de vous délivrer un document autorisant la police à l'emmener de force à l'hôpital pour un examen médical. En cas de danger immédiat, cependant, composez le 911.

Icovino et Esralew (2009) offrent des suggestions sur la façon de procéder en cas d'urgence :

1. N'essayez pas d'amener vous-même votre proche au service des urgences près de votre domicile si vous ne vous sentez pas en sécurité pour le faire.

2. En attendant l'arrivée de la police, essayez de retirer les objets dangereux à proximité de manière à rendre les lieux aussi sûrs que possible.

3. Dites à la personne au bout du fil que votre proche est atteint de déficience intellectuelle afin d'éviter que la police, qui est généralement la première à arriver sur les lieux, ne recoure inutilement à la force, notamment en dégainant des armes, si elle sait que la personne est agressive. Si suffisamment de membres de la famille sont présents, demandez à quelqu'un d'aller à la rencontre des intervenants d'urgence avant qu'ils n'entrent chez vous, pour leur rappeler que la personne en crise est atteinte de déficience intellectuelle.

4. Les personnes qui n'ont pas besoin d'être présentes pour réconforter la personne en crise devraient partir ou se mettre à l'abri.

5. Si votre proche a besoin d'aller à l'hôpital, les intervenants d'urgence s'occuperont de l'y conduire et vous pourrez suivre l'ambulance ou la voiture de police avec votre propre véhicule. Vous pourriez aussi demander à monter dans l'ambulance pour accompagner votre proche.

6. Si vous avez un plan d'urgence ou un dossier, apportez-le à l'hôpital lorsque vous rendrez visite à votre proche. [Voir « Élaboration d'un plan d'action de crise », en page 38]

Autism Speaks, un organisme de défense des droits des personnes atteintes d'autisme, a conçu d'excellents outils pour aider la police et d'autres intervenants d'urgence à œuvrer auprès des personnes autistes (en anglais).

Collaboration avec les membres du service des urgences de l'hôpital

Si possible, accompagnez votre proche au service des urgences ou allez l'y retrouver. Le personnel du service des urgences a besoin de votre aide pour déterminer comment traiter votre proche et il aura donc des questions à vous poser. Si le personnel ne demande pas à vous parler, prenez les devants et insistez pour obtenir un entretien.

Essayez de fournir un compte rendu clair des événements qui ont débouché sur l'hospitalisation. En cas de refus d'admission de votre proche, dites au personnel si vous vous inquiétez pour votre sécurité.

Nombreuses sont les personnes travaillant dans des services d'urgence qui disent ne pas avoir beaucoup d'expérience auprès de personnes atteintes de déficience intellectuelle. En vous préparant, vous pouvez les aider à connaître les besoins de votre proche. Vous pourriez apporter :

- des objets qui procureront du réconfort à votre proche (p. ex., sa couverture préférée, une peluche, un livre favori, des photos) ;
- son aliment ou sa boisson préférée et des grignotines (l'attente peut être longue, et sur place, le choix risque d'être limité) ;
- des outils (ou des idées de stratégies) de communication qui l'aideront à se sentir en confiance pour parler de lui-même ;
- des documents montrant votre proche sous son jour habituel (p. ex., des photos sur votre cellulaire) ;
- un document explicatif simple ou un récit en images sur le mode de fonctionnement des hôpitaux, pour que votre proche sache à quoi s'attendre ;
- des divertissements pour l'occuper durant le temps d'attente (jeux, livres, lecteur DVD portable) ;
- tous ses médicaments pour les 12 prochaines heures, car les services d'urgence ne dispensent pas les médicaments habituels des patients.

Organisation du service des urgences

Il se peut qu'on vous demande de signer un formulaire de consentement pour que votre proche soit traité au service des urgences et vous devrez remplir un formulaire comportant des questions d'ordre général. Vous devrez en outre présenter la carte d'assurance-santé (OHIP) de votre proche et indiquer son adresse et sa date de naissance.

Une infirmière vous posera (à vous et/ou à votre proche) des questions générales sur la raison de votre présence aux urgences. L'infirmière évaluera l'urgence de la situation et elle vous indiquera où vous rendre pour voir un médecin urgentiste. Il se peut que vous ayez à attendre de nouveau.

Le médecin répétera peut-être certaines des questions qui vous ont été posées par l'infirmière. Il examinera peut-être votre proche afin de s'assurer que son comportement n'est pas attribuable à une maladie physique.

Le médecin conclura peut-être que vous pouvez rentrer chez vous. Il se pourrait qu'il vous prodigue des conseils pour prendre soin de votre proche et il se peut aussi qu'il conclue que votre proche devrait être examiné par un psychiatre ou une équipe de santé mentale. Si le médecin juge que votre proche devrait faire l'objet d'un examen psychiatrique, il vous faudra attendre de nouveau.

Le psychiatre ou un membre de l'équipe de crise vous posera des questions détaillées sur la situation actuelle de votre proche et ses antécédents : problèmes mentaux, traitements, visites aux urgences ou hospitalisations antérieures et médication. Certaines questions vous seront adressées et d'autres seront adressées à votre proche. Si vous jugez que les médecins devraient s'adresser davantage à votre proche, faites-le leur savoir. Par ailleurs, si vous souhaitez vous entretenir en privé avec des cliniciens, n'hésitez pas à en faire la demande.

Pourquoi votre proche aurait-il besoin d'un examen médical ?

L'urgentiste pourrait décider de faire subir un examen médical à votre proche afin d'écarter tout problème de santé important (ou mineur, comme cela arrive parfois) qui pourrait avoir un retentissement sur son comportement. Une telle décision s'inscrit dans le cadre du protocole/de l'arbre de décision présenté en page 9.

Souvenez-vous qu'une réaction de votre proche à de la douleur liée à une maladie physique pourrait être confondue avec un problème psychiatrique. Il est normal qu'une personne qui souffre de constipation, qui a un abcès dentaire, une infection urinaire ou tout autre type d'infection soit agitée.

Si l'examen révèle une grave maladie physique, votre proche sera traité en conséquence. L'examen n'étant destiné qu'à donner une vue d'ensemble au médecin, il se pourrait qu'il passe à côté de certaines maladies physiques ou dentaires à l'origine de votre visite aux urgences. Des examens plus poussés devraient être effectués à la suite de cet examen d'urgence.

Pourquoi l'attente au service des urgences est-elle si longue ?

L'une des choses les plus éprouvantes, quand on se rend au service des urgences, est le temps d'attente. Les familles pourraient être portées à croire que si on les fait attendre si longtemps, c'est parce que le personnel des urgences ne comprend pas ce qu'est la déficience intellectuelle. Or, il importe de remettre les choses en perspective : *tout le monde* doit attendre au service des urgences, et pas seulement les personnes atteintes de déficience intellectuelle.

La période d'attente est fonction de ce qui se passe au service des urgences. Soyez prêt à attendre de 2 à 12 heures, entre le début et la fin de votre visite à l'hôpital.

Pendant que vous attendez, communiquez, si possible, avec le médecin de votre proche pour le mettre au courant de la crise. Il importe de le tenir au courant du résultat de la visite et de lui apporter les documents provenant du service des urgences. Demandez, sur la fiche d'urgence ou sur le formulaire d'admission aux urgences, si des informations peuvent être adressées directement au médecin. Si vous ne demandez pas de rapport, on ne vous en enverra peut-être pas.

Hospitalisations non volontaires

Votre proche pourrait s'opposer à recevoir un traitement à la suite d'une crise ou même s'il éprouve de graves symptômes. Au Canada, une personne ne peut pas être traitée sans son consentement pour un trouble de santé mentale, à moins qu'elle ne présente un danger pour elle-même ou pour autrui. Or, si cette politique protège les droits des intéressés, elle peut créer des problèmes complexes pour les familles. Si une personne qui ne souhaite pas être hospitalisée l'est *malgré tout*, elle est considérée comme un patient non volontaire. Les critères particuliers qui sont appliqués pour déterminer si une personne peut être hospitalisée contre son gré varient selon les provinces ou territoires. Les principes généraux sont les suivants :

- On croit que, livrée à elle-même, la personne pourrait être en danger (elle risque de se suicider ou de s'infliger des blessures, par exemple).
- On croit que la personne peut représenter un danger pour autrui (la personne est violente, par exemple).
- La personne est incapable de prendre soin d'elle-même et elle court donc un risque immédiat (p. ex., elle ne boit pas ou ne s'alimente pas).

Si la personne répond aux critères justifiant une hospitalisation non volontaire, un médecin peut délivrer un document autorisant un bref séjour à l'hôpital (de un à trois jours, en général) pour un traitement d'urgence. Dans certaines provinces et territoires, un autre document doit être délivré si un traitement à plus long terme est nécessaire. Les choses se compliquent encore si l'intéressé n'a pas la capacité de consentir au traitement. Si tel est le cas, il importe d'en parler au médecin au moment de l'hospitalisation.

Une fois la crise passée

Il est essentiel de faire le point sur ce qui s'est passé. Faites participer votre médecin de famille à l'établissement du bilan. Si vous pensez qu'il vous faudra peut-être retourner un jour à l'hôpital, vous pourriez vous mettre en rapport avec une personne de l'hôpital à des fins de suivi. La contribution de l'hôpital est importante pour l'élaboration d'un plan d'urgence. Si vous aviez déjà un tel plan, demandez-vous s'il a fonctionné et s'il faudrait envisager d'y apporter des modifications. Veillez à ce que tout le monde, personnel de l'hôpital compris, reçoive un exemplaire du plan modifié.

S'il n'y a pas encore de plan d'urgence en place, il est temps d'en élaborer un avec l'équipe.

Faire face aux crises ensemble

Icovino et Esralew (2009) affirment qu'une crise affecte l'ensemble de la famille. On a tendance à se concentrer sur la personne en crise sans réaliser que chaque épisode peut avoir un effet déstabilisant immédiat sur le reste de la famille. Au départ, la famille peut avoir l'impression de perdre pied ; chaque membre peut aussi passer par toute une série d'émotions, dont la peur, la colère et le sentiment de culpabilité. Dans la mesure du possible, il est préférable de parler du plan d'urgence dans le calme, avant qu'une crise ne se déclare ou bien après la survenue d'une crise, avant qu'une autre ne se produise.

Les membres de la famille peuvent établir de solides relations de confiance et d'empathie mutuelle. En explorant collectivement de nouvelles stratégies, ils pourront retrouver la maîtrise de la situation, ce qui renforcera leur détermination à s'unir pour faire face aux problèmes et à prendre soin de chacun de leurs membres.

Chacun des membres de la famille de la famille doit avoir l'assurance qu'il ne sera pas seul à faire face à une crise. La recherche de solutions se faisant en commun, la cohésion familiale sera renforcée à mesure que ses capacités d'adaptation se développeront.

5 Répercussions du double diagnostic sur les familles

Un nombre croissant de données de recherche montrent ce que de nombreuses familles ne savent que trop bien : les problèmes de santé mentale et les comportements problématiques contribuent aux conflits familiaux, minent le soutien social et peuvent avoir des répercussions sur la santé mentale et le bien-être de tous les membres de la famille.

Les relations familiales

LES PARENTS

Les parents des personnes atteintes de déficience intellectuelle font de gros efforts pour assurer la coordination des services et des soins prodigués à leur enfant, et ce, même si l'enfant n'a pas de problèmes de santé mentale. Lorsqu'un enfant se met à éprouver des troubles mentaux ou à afficher des comportements extrêmement problématiques, de nombreux parents avouent ressentir de la frustration et de la colère ; ils se sentent désespérés, stressés, déprimés ou dépassés. D'autres parents dans la même situation continuent de se sentir à la hauteur et sûrs d'eux. Ce n'est pas parce que les enfants éprouvent de nouveaux problèmes que les parents doivent nécessairement en éprouver eux aussi. La réaction de chaque parent (et de chaque famille) dépend de la nature du problème, de ses capacités d'adaptation, de ses stratégies et de ses ressources ainsi que des autres événements de la vie familiale. Il n'en reste pas moins que tous les parents ressentent un énorme poids de responsabilité et qu'ils s'inquiètent au sujet des soins nécessités par leur enfant et de son bien-être. Avec le temps, les problèmes chroniques peuvent avoir des effets particulièrement néfastes sur les parents.

Dans leur ouvrage intitulé *More Than a Mom: Living a Full and Balanced Life When Your Child Has Special Needs*, Baskin et Fawcett (2006) suggèrent diverses stratégies pour aider les parents et les familles à maintenir leur tranquillité d'esprit et les liens qui les unissent :

- Maintenez une bonne communication au sein de votre couple.
- Soutenez-vous l'un l'autre.
- Faites-vous aider par votre partenaire ou par d'autres personnes.
- Passez du temps ensemble : allez au cinéma ou adonnez-vous à d'autres activités de nature à entretenir votre relation.
- Accompagnez tous les deux votre enfant à certains de ses rendez-vous.
- Accordez-vous du temps l'un à l'autre pour vous détendre à votre manière.
- Essayez de remplacer un peu les discussions par des activités pratiques.
- Informez-vous ensemble des difficultés rencontrées par votre enfant.
- Demandez des informations et partagez-les avec votre conjoint.
- Allez-y doucement si vous voulez que votre conjoint s'implique davantage. Ne vous attendez pas à un changement radical et immédiat.
- Nouez des contacts avec des familles dans la même situation.
- Considérez votre couple comme une « équipe parentale ».

- Valorisez vos différences.
- Ne perdez pas de vue l'essentiel, à savoir vos objectifs communs pour votre enfant.
- Admettez qu'il arrive que les responsabilités parentales soient inégalement réparties dans un couple et qu'en un tel cas, les deux parents devraient se parler de leurs attentes respectives.

LES FRÈRES ET SŒURS

Il se peut que les frères et sœurs craignent de développer eux aussi des troubles mentaux. Ils pourraient s'inquiéter du stress et de la fatigue qu'ils observent chez leurs parents et assumer une partie de leur fardeau en essayant de les aider. Il est possible aussi que les frères et sœurs en veuillent à leurs parents pour tout le temps qu'ils consacrent à l'enfant aux prises avec un double diagnostic. Leur colère pourrait même les amener à se rebeller ou à prendre leurs distances à l'égard de leur famille et de leurs amis.

Les parents ou tuteurs croient parfois qu'il leur faut protéger les jeunes enfants en leur évitant d'être témoins des épisodes de troubles comportementaux graves. Or, très souvent, cela n'est pas possible. D'ailleurs, les frères et sœurs ont plutôt intérêt à comprendre ce à quoi la famille doit faire face durant les situations de crise. La résolution familiale des problèmes est un enseignement précieux que les jeunes membres de la famille pourront mettre à profit tout au long de leur vie. Bien entendu, si la sécurité physique des jeunes enfants est menacée par une crise comportementale, il faut veiller à les tenir à l'écart.

En parlant franchement à vos autres enfants (de manière adaptée à leur âge) des difficultés éprouvées par l'enfant porteur de double diagnostic et par chacun des membres de la famille, vous pourrez contribuer à dissiper la confusion et la peur que ressentent ces enfants.

REMARQUES TERMINOLOGIQUES : « FARDEAU DE L'AIDANT » ET « FATIGUE DE COMPASSION »

Dans la littérature spécialisée, on emploie l'expression *fardeau de l'aidant* pour décrire ce qu'il en coûte – aux plans émotionnel, psychique et social – aux familles qui s'occupent d'une personne affligée d'un problème de santé mentale. Pourtant, nombreux sont les aidants qui, tout en souhaitant qu'on reconnaisse combien il est difficile de s'occuper d'un proche porteur d'un double diagnostic, réprouvent l'expression « fardeau de l'aidant », à laquelle ils reprochent d'occulter l'aspect positif des soins prodigués à un être cher et de ne pas tenir compte du fait qu'en dépit du stress, les aidants aiment la personne dont ils s'occupent et qu'ils feraient tout en leur pouvoir pour lui venir en aide et la protéger. Par ailleurs, cette expression déshumanise l'être cher en le reléguant au simple état de « fardeau », alors que les aidants espèrent que sa situation s'améliorera.

L'expression *fatigue de compassion* décrit bien mieux la prévalence du stress et du sentiment d'impuissance chez les familles qui s'occupent d'un de leurs membres porteur de double diagnostic. Dans le présent guide, nous employons cette expression pour décrire le profond épuisement physique, psychique, social et spirituel qui peut s'abattre sur les membres d'une famille touchée par le double diagnostic. Il s'agit d'une expression bien plus conviviale pour décrire ce qui se produit quand on est constamment en butte à l'adversité.

Vous trouverez des stratégies pour faire face à la fatigue de compassion à http://mytherapynet.com (en anglais).

6 Prendre soin de soi en tant qu'aidant naturel

Il ne faut jamais sous-estimer les avantages qu'il y a à prendre soin de soi. Les familles qui prennent soin d'elles-mêmes disposent d'une source plus abondante d'énergie physique et psychique pour faire face aux défis qu'elles rencontrent, pour le plus grand bien de leur proche affecté par la maladie mentale. Il revient à chaque membre de la famille de déterminer comment prendre soin de lui-même. Pour pouvoir se détendre et retrouver le calme et la sérénité, chaque membre de la famille doit :

- savoir quels sont les comportements et les pensées qui ont un effet positif sur la façon dont il se sent et ceux qui ont un effet négatif ;
- établir un plan d'auto-prise en charge destiné à prévenir ou à surmonter les affects négatifs.

Un plan d'auto-prise en charge comporte l'établissement d'habitudes journalières ; il peut s'agir de s'adonner à une certaine activité, de passer du temps avec une amie ou de se concentrer sur une autre façon de voir les choses, par exemple ; ce qui compte, c'est que cela apporte un réconfort à l'aidant et lui procure un sentiment de bien-être et de stabilité. Plus loin dans ce chapitre, nous établirons un plan d'auto-prise en charge.

Comment acquérir de la résilience

On décrit fréquemment la résilience comme la capacité de s'épanouir et de réaliser son potentiel en dépit de circonstances stressantes (ou peut-être à cause d'elles). Nous faisons tous preuve de résilience d'une façon ou d'une autre, mais certaines personnes semblent être plus résilientes que d'autres. Ces personnes sont portées à voir dans les défis des occasions d'apprentissage qui mènent à l'épanouissement affectif.

Dans leur ouvrage intitulé *Building a Joyful Life with Your Child Who Has Special Needs*, Whiteman et Roan-Yager (2007) définissent la résilience en mettant cette faculté en corrélation avec six agrégats distincts de forces et de qualités observées chez les parents qui savent s'adapter à des situations stressantes :

1. **La lucidité** : Le fait de savoir poser des questions difficiles et de répondre franchement à de telles questions. Les personnes lucides font preuve de compréhension et d'empathie et elles tolèrent bien l'ambiguïté.

2. **L'indépendance** : La capacité de prendre du recul – sur le plan émotionnel comme sur le plan physique – par rapport à ce qui est douloureux. Être indépendant, c'est savoir reconnaître la source du stress, s'en distancer et concevoir d'autres façons d'envisager la situation.

3. **Les compétences relationnelles** : La capacité de nouer des relations véritables avec les gens est une composante importante de la santé mentale. Avoir de bonnes compétences relationnelles, c'est aussi savoir trouver des personnes qui nous soutiennent, qui nous offrent du réconfort et qui nous apprécient.

4. **L'esprit d'initiative** : La capacité de prendre les problèmes à bras-le-corps suppose souvent des aptitudes en matière de résolution de problèmes et une grande ténacité.

5. **La créativité et le sens de l'humour** : Être créatif, c'est se servir de son imagination pour exprimer ses sentiments. Beaucoup de gens aiment exprimer leurs sentiments en faisant appel à la créativité artistique : peinture, danse, collage... Quant au sens de l'humour, que l'on peut décrire comme la capacité à voir le comique dans le tragique, il est également essentiel pour pouvoir affronter les défis quotidiens.

6. **Le sens moral** : Avoir le sens moral, c'est baser ses actions sur une conscience éclairée, le sens du devoir qui incite à contribuer au bien-être d'autrui. Nombreuses sont les personnes résilientes qui ont transformé leur situation en agissant consciemment pour « transformer le monde ».

Stratégies d'auto-prise en charge

Si on ne peut pas prendre soin de soi-même, on ne peut pas prendre soin d'un proche ou d'un enfant porteur de double diagnostic. Puisque vous êtes une des personnes les mieux placées pour prendre soin de votre proche, il est essentiel que vous vous mainteniez en forme.

Pour établir un plan d'auto-prise en charge, vous devez réfléchir à des moyens de prendre soin de vous-même en cas de stress ou d'épuisement.

STRATÉGIES À COURT TERME

Il s'agit de stratégies relativement simples permettant de décompresser et de refaire le plein d'énergie. Ces stratégies produisent des gains rapides. Quand un avion décolle, on rappelle aux passagers qu'en cas de dépressurisation, des masques tomberont et on demande aux parents d'appliquer leur propre masque avant d'aider leurs enfants à mettre le leur. Si on ne prend pas soin de soi-même à court terme, on ne peut pas prendre soin de ceux qu'on aime. Alors, même si vous pensez ne pas avoir besoin de ces stratégies, essayez-les tout de même. On ne peut pas savoir si une chose est utile tant qu'on ne l'a pas essayée.

Dans son ouvrage *An Autism Mom's Survival Guide (for Dads, Too!)*, publié en 2010, Susan Senator mentionne quelques activités simples qui peuvent rapidement vous apporter un mieux-être lorsque vous êtes confronté à une situation difficile et que vous avez un besoin urgent de décompresser :

• Prenez un moment pour vous adonner à une activité de détente. Vous pourriez aussi achater un article pour votre activité de détente pour déstresser et retrouver un peu de sérénité.
• Allez dîner au restaurant avec une amie. Si ce n'est pas possible, le simple fait de préparer un petit café et d'inviter un ami à venir le boire avec vous vous procurera un répit salutaire.
• Posez-vous un défi : faites un tour à bicyclette ou allez faire un peu de course à pied.
• Faites quelque chose qui fasse travailler vos neurones : des mots croisés, par exemple.
• Inscrivez-vous à un club ou à un groupe d'intérêts. Vous pourriez aller sur le site www.meetup.com pour trouver, près de chez vous, des personnes qui ont des intérêts semblables aux vôtres.
• Faites un petit quelque chose qui vous donnera meilleure mine et qui vous remontera le moral.

- Accordez-vous une petite gâterie : un morceau de chocolat, par exemple.

- Prenez quelques instants pour savourer la beauté de la nature : achetez-vous des fleurs au supermarché ou allez vous promener dans un joli coin.

- Pensez à la musique : écoutez l'une de vos chansons préférées ou, si vous avez un instrument, jouez un morceau, même si vous pensez que le moment est mal choisi.

STRATÉGIES À LONG TERME

Sachez reconnaître les défis et y faire face

Essayez de reconnaître les différents défis auxquels vous faites face et de les hiérarchiser. Parfois, il est possible de changer les choses et d'autres fois, il faut changer la façon dont on les perçoit. On ne peut pas toujours « régler » un problème, mais on peut trouver diverses façons d'y faire face.

Construisez-vous un réseau de soutien social

Lorsqu'elles ont à s'occuper d'un de leurs membres porteur d'un double diagnostic, les familles abandonnent souvent leurs autres activités et elles ont tendance à se couper de leurs amis et de leurs collègues de travail. Or, il est absolument essentiel de disposer d'un soutien social pour pouvoir maintenir sa santé psychique et physique ou pour la retrouver. En faisant partie d'un organisme correspondant à vos inclinations – club de marche, équipe sportive, club de lecture ou groupe confessionnel, vous pouvez maintenir votre réseau social. Par ailleurs, les vieux amis et les collègues dont vous vous êtes éloigné apprécieraient sans doute d'avoir de vos nouvelles.

Il n'y a aucun mal à chercher de l'aide auprès de personnes extérieures à sa famille. Il se pourrait que des voisins, des membres de votre congrégation religieuse ou des amis puissent vous aider, vous et le membre de votre famille porteur de double diagnostic, en vous faisant découvrir une autre façon de voir les choses ou en vous apportant un soutien concret. En parlant franchement de sa situation, il arrive souvent qu'on trouve de l'aide de la façon la plus inattendue. De plus, en se joignant à un groupe de soutien, on se sent moins seul pour affronter les difficultés quotidiennes.

RESSOURCES DE SOUTIEN SOCIAL

Vous trouverez des renseignements utiles sur les groupes de soutien près de chez vous en consultant les sites Web des organismes suivants :

- Services de l'Ontario pour les personnes ayant une déficience intellectuelle : www.sopdi.ca
- Community Living Ontario : www.communitylivingontario.ca/en-francais
- Extend-a-family : www.extendafamily.ca (en anglais)
- Family Alliance Ontario : www.family-alliance.com (en anglais)

Certains groupes ciblent des déficiences particulières ou des groupes culturels particuliers :

- Autism Ontario : www.autismontario.com/client/aso/ao.nsf/francais
- Fetal Alcohol Spectrum Disorder Ontario Network of Expertise (groupes de soutien) : www.fasdontario.ca/cms/resources/support-groups
- Heep Chi Association : www.heepchi.com/ch/home.html (pour la communauté chinoise)
- South Asian Autism Awareness Centre (association ciblant l'autisme dans la communauté sud-asiatique) : http://saaac.org

Voici des groupes de soutien régionaux et des ressources pour les familles qui pourraient aussi vous être utiles (en anglais) :

- Ensemble (sud-ouest de l'Ontario) : www.ensembleunderstands.com
- United Families of Eastern Ontario (Est de l'Ontario) : www.ufeo.ca/ en/ufeo/Home_p3006.html
- Youthlink Parent Group (soutien pour les jeunes) : www.youthlink.ca
- Concerned Parents of Toronto Inc. : composer le 416 492-1468 et demander à parler à Jim ou à Elgi Johnston.

Les liens vers ces sites Web figurent également (en anglais) sur http://knowledgex.camh.net/amhspecialists/specialized_treatment/ dual_diagnosis/Pages/default.aspx

Informez-vous!

Nombreuses sont les familles touchées par le double diagnostic qui recherchent toutes les occasions – offertes par des établissements ou de bouche à oreille – de s'informer à ce sujet. Elles trouvent précieux tous les renseignements qu'elles peuvent recueillir sur les difficultés éprouvées par leur proche porteur de ce diagnostic, dont les causes, les signes et symptômes, et les traitements offerts.

Montrez de l'assurance et faites valoir vos droits
Vous avez les droits suivants :

- le droit de recevoir vous-même le soutien de professionnels de la santé ;
- le droit de recevoir une formation au sujet de la déficience intellectuelle et des troubles mentaux ;
- le droit d'être informé des dernières données de recherche et des options de traitement les plus efficaces ;
- le droit d'être respecté et pris au sérieux.

Établissement d'un plan d'auto-prise en charge

L'établissement d'un plan d'auto-prise en charge vous force à réfléchir aux petits changements que vous pourriez apporter à votre vie pour acquérir de la résilience et être moins vulnérable à la fatigue de compassion.

Imaginez à quoi pourrait ressembler votre plan d'auto-prise en charge. Ce plan devrait prendre en compte tous vos besoins :

- besoins physiologiques (vous devez prendre soin de votre santé physique) ;
- besoins psychologiques (vous devez prendre soin de votre santé émotionnelle) ;
- besoins sociaux (pour satisfaire ces besoins, vous devez avoir des réseaux sociaux) ;
- besoins spirituels (pour satisfaire ces besoins, un guide spirituel peut être d'un grand réconfort).

Ce plan porte le nom de plan d'auto-prise en charge bio-psycho-socio-spirituelle. Veillez à vous fixer des objectifs très précis. En voici quelques exemples :

- Je ferai une demi-heure d'exercice au gymnase trois fois par semaine.
- Je ferai à pied les trajets pour lesquels je n'ai pas absolument besoin de prendre la voiture.
- Je prendrai un cours de Pilates une fois par semaine avec mon amie Liane.
- Je mangerai trois fruits par jour et je prendrai aussi un complexe de vitamines B contenant de la vitamine B6.
- Je cuisinerai deux repas sans viande par semaine.

Références

Baskin, A., et H. Fawcett. *More Than a Mom: Living a Full and Balanced Life when your Child has Special Needs*, Bethesda, MD, Woodbine House Inc., 2006.

Bradley E. et L. Burke. *The mental health needs of persons with developmental disabilities, dans Dual Diagnosis: An Introduction to the Mental Health Needs of Persons with Developmental Disabilities* (p. 45-79), sous la direction de D. M. Griffiths, C. Stavrakaki et J. Summers, Sudbury, ON, Habilitative Mental Health Resource Network, 2002.

Chan A. et J. A. Noone. *Emergency Mental Health Education Manual*, Vancouver: Mental Health Evaluation & Community Consultation Unit, University of British Columbia, 2000.

Cooper S., E. Smiley, J. Morrison, A. Williamson et L. Allan. « Mental ill-health in adults with intellectual disabilities: Prevalence and associated factors », *British Journal of Psychiatry*, 190, [1], 2007, p. 27-35.

Dykens E. M., R. M. Hodapp et B. M. Finucane. *Genetics and Mental Retardation Syndromes: A New Look at Behavior and interventions*, Baltimore, MD, Paul H Brookes, 2000.

Emerson E. et C. Emerson. « Barriers to the effective implementation of habilitative behavioral programs in an institutional setting »,

Mental Retardation, 25, [2], 1987, p.101-106.

Fletcher R., E. Loschen, C. Stavrakaki et M. First, éds. *Diagnostic Manual—Intellectual Disability (DM-ID): A Clinical Guide for Diagnosis of Mental Disorders in Persons with Intellectual Disability*, Kingston, NY, NADD Press, 2007.

Harris, J. C. Intellectual Disability : Understanding Its Development, Causes, Classification, Evaluation, and Treatment, New York, NY, Oxford University Press, 2006.

Icovino D. et L. Esralew. *Family Crisis Handbook: How to Cope When an Adult Loved One with a Developmental Disability Experiences Mental Health or Behavioural Issues*, New Jersey, New Jersey Department of Human Services Dual Diagnosis Task Force, 2009.

Lunsky Y., E. Bradley, J. Durbin, C. Koegl, M. Canrinus et P. Goering. « The clinical profile and service needs of hospitalized adults with mental retardation and a psychiatric diagnosis », *Psychiatric Services*, 57, [1], 2006, p. 77-83.

Richards M., B. Maughan, R. Hardy, I. Hall, A. Strydom et M. Wadsworth. « Long-term affective disorder in people with mild learning disability », *British Journal of Psychiatry*, 179, 2001, p. 523–527.

Robertson J., E. Emerson, N. Gregory, C. Hatton, S. Kessissoglou et A. Hallam. « Receipt of psychotropic medication by people with intellectual disability in residential settings », *Journal of Intellectual Disability Research*, 44, [6], 2000, p. 666-676.

Royal College of Psychiatrists. *Diagnostic criteria for psychiatric disorders for use with adults with learning disabilities/mental retardation (DC-LD)*. Londres, R.-U., RCPsych Publications, 2001.

Senator S.. *The Autism Mom's Survival Guide (For Dads, Too!)*: *Creating a Balanced and Happy Life While Raising a Child with Autism.* Boston, MA, Trumpeter Books, 2010.

Sullivan W. F., J. M. Berg, E. Bradley, T. Cheetham, R. Denton, J. Heng, B. Hennen, D. Joyce, M. Kelly, M. Korossy, Y. Lunsky et S. McMillan. « Soins primaires aux adultes ayant une déficience développementale : Lignes directrices consensuelles canadiennes », *Canadian Family Physician*, 57, 2011, p. 541-553.

Turner T. H. « Schizophrenia and mental handicap: An historical review, with implications for further research », *Psychological Medicine*, 19, [2], 1989, p. 301-314.

Whiteman N. et L. Roan-Yager. *Building a Joyful Life with Your Child Who Has Special Needs.* Londres, R.-U., Jessica Kingsley, 2007.

Ressources

Sites Web

Les liens vers ces sites figurent également sur http://knowledgex. camh.net/amhspecialists/specialized_treatment/dual_diagnosis/ Pages/default.aspx.

Autism Ontario
http://autismcanada.org

Canadian Association for Research and Education in Intellectual Disabilities (CARE-ID)
http://care-id.com

Centre de toxicomanie et de santé mentale (CAMH)
www.camh.ca

Community Living Ontario
www.communitylivingontario.ca/en-francais

Réseaux communautaires de soins spécialisés
www.community-networks.ca/fr/home

ConnexOntario : Ligne d'aide sur la santé mentale
www.mentalhealthhelpline.ca/Accueil/Index

Services de l'Ontario pour les personnes ayant une déficience intellectuelle
www.sopdi.ca/?lm_lang=fr-ca

FASD One: Fetal Alcohol Spectrum Disorder - Ontario Network of Expertise
www.fasdontario.ca

National Association for Persons with Developmental Disabilities and Mental Health Needs (NADD)
http://www.thenadd.org

NADD Ontario
www.naddontario.net/?lang=fr

Centre Surrey Place
http://www.surreyplace.on.ca/Clinical-Programs/Medical-Services/Pages/PrimaryCare.aspx

Publications

Baskin A. et H. Fawcett, *More Than a Mom: Living a Full and Balanced Life When Your Child Has Special Needs.* Bethesda, MD, Woodbine House Inc., 2006.

Senator S. *The Autism Mom's Survival Guide (For Dads, Too!): Creating a Balanced and Happy Life While Raising a Child with Autism.* Boston, MA, Trumpeter Books, 2010.

Tilton A. *The Everything Parents Guide to Children With Autism*, Avon, MA, Adams Media, 2004.

Whiteman N. et L. Roan-Yager. *Building a Joyful Life with Your Child Who Has Special Needs*, Londres, R.-U., Jessica Kingsley, 2007.

Autres titres de la série de guides d'information

La dépression

La psychose chez les femmes

La schizophrénie

La thérapie cognitivo-comportementale

La thérapie de couple

La toxicomanie

L'espoir et la guérison après un suicide

Le premier épisode psychotique

Le système ontarien de services psychiatriques médico-légaux

Le trouble bipolaire

Le trouble de la personnalité limite

Le trouble obsessionnel-compulsif

Les femmes, la violence et le traitement des traumatismes

Les troubles anxieux

Les troubles concomitants de toxicomanie et de santé mentale

Pour commander ces publications et d'autres publications de CAMH veuillez vous adresser à Ventes et distribution :

Tél. : 1 800 661-1111
À Toronto : 416 595-6059
Courriel : publications@camh.ca
Cyberboutique : http://store.camh.ca